저물지 않는 봄날

한비시선 120

저물지 않는 봄날

초판인쇄 | 2020년 8월 25일　**지은이** | 서수연　**펴낸이** | 김영태　**펴낸곳** | 도서출판 한비CO　**출판등록** | 2006년 1월 4일 제 25100-2006-1호　**주소** | 700-442 대구시 중구 남산2동 938-8번지 미래빌딩 3층 301호　**전화** | 053)252-0155　**팩스** | 053)252-0156　**홈페이지** | http://hanbimh.co.kr　**이메일** | kskhb9933@hanmail.net　**후원** | 월간 한비문학

ISBN 979-11-6487-020-2
ISBN 978-89-93214-14-7(세트)
값 18,000원

*본 도서의 무단 전제와 무단 복제를 금하며, 잘못된 책은 교환해 드립니다.
*저자와의 협의로 인지는 생략합니다.

저물지
　　않는
봄날

서수연 시화집

시인의 말

어디로 가는지 모른다고 해서 가는 걸 중단해야 할 이유는 없다
알 수 없는 슬픔과 외로움을 경기처럼 경험하던 날들도 많았지만,
때로는 분수껏 사는 일이 지겨워질 때도 있었지만
또
내키지 않는 배역을 맡은 듯 불만가득한 날들도 많았지만
겪어야 할 것들은 겪어야
일이 해결됨을 깨달고 나서부터는 흐르는 물처럼 살아야 함을,
흐르는 물이란 구덩이를 채우지 않으면
가지 않음을.
세상의 말귀를 늦게 알아들은 대가를 치르고서야
겨우 알아챈다

목차

1부

3월의 벚꽃 _012

봄날 _016

참꽃 마중 _020

사랑아 _022

섬 4 _024

그래도, 봄 _030

가라, 붉은 봄날 _032

2부

꽃마리 _038

숲에 기대다 _044

풍경소리 _048

숲에 기대다 2 _050

숲에 기대다 3 _052

바늘구멍 앞에 _054

가을 풍경 _056

지나가다 _058

목차

3부

섬 1 _066

섬 2 _068

섬 3 _070

2020 _074

낡은 배란기 _076

4부

후회 _080

아카시아 별곡 _082

쌍봉낙타 _084

고집 _086

구석진 연민 _088

달은 스스로 채우고 비운다 _090

송호리의 아침 _094

작품해설_ 김송배 _098

1부

3월의 벚꽃

벚꽃은 늦장 부리는데
햇살은 이 꽃봉오리 저 꽃봉오리 위에
펑, 펑, 펑,
만첩으로 터집니다
의자 두 개 내어놓고
나란히 앉아보는 비행운
그리고 내 안의 저물지 않는 봄날 같은 남자,
마음에 말도 못할 것들이
득시글거리고 아플 때
저 봄날의 체온으로
견뎌낼 수 있을 것 같기도 합니다
나라고 별 수 있을까요
정신없는 사람살이
밖은 닳아도
안은 빛나게 그릴 것이라고
벚꽃나무 아래에서
소원인 듯 말해봅니다
당신만 곁에 있어준다면.

상모솔새

발이 저릴 때까지 벚꽃나무

그 가지에 앉았다 눈치도 없이

떨어지던 봄의 기억

봄날

봄날
매화, 자두, 라일락, 풀포기
이름표를 목에 건 묘목들이 화원 앞에
입양을 기다리는 고아들처럼 줄 서있다
맨발에 갈색 종아리들, 아직은 추운 4월의 봄날
어디로 실려 갈지 내 게도 전해져 오는 불안들

추운 날 이불 속에 발을 밀어 넣듯 발을 묻었으면
친절한 마사토가 기다리고 있었으면
그 땅과 그 하늘 아래서 한세상 잘 차려 살아보았으면
봄날,

일 년에 한 번도

대출되지 않던 책과도 같은 감정들 네 앞에서 마주 한다

잠시 멈춘 기억의 한낮

참꽃 마중

조금은 느려도 되는
산골 마을에서 당신과 살고 싶어
가시 많은
산초가지에 앉아도
단 한 번도 찔리지 않은 표정의 주홍이마
매끈한 상모솔새, 곤줄박이, 박새
앞마당 구석구석 엉덩이 디밀 자리마다
가꾸지 않아도
채소가 푸릇했으면
봄이 되면 시들은 꽃바구니 비우고
물오른 버들강아지 꺾어 담아
바람 불때마다 혼몽한 봄기운이 들락거리는 뒤뜰
별꽃, 노루귀, 꽃다지 속닥거리는 한 켠에 내려놓고
당신 손잡고 추웠던 것 들을
배웅하러 나갔다 돌아오는 길
산들산들
피어오르는
참꽃보다 붉게
그대 입 맞추다 오고 싶어

사랑아

상모솔새,
발이 저릴 때까지 벚꽃나무
그 가지에 앉았다.
눈치도 없이
바람에 떨어지던
봄의 기억
이제는 그만
날아올라, 날아올라 꽃그늘 속
네 발목을 털고
날아올라,
네 마음에 헝클어지면
꽃이라고 봐 주지마라

네가 벚꽃이라 부르며 얼굴 부비던
그 꽃나무, 정말 벚꽃이었을까
그, 봄

있기나 있었을까

섬 4

마음이 출렁이는 소리
모래에 새겨지는
사람들의 발자국 소리
조개껍질이 초여름 한낮 적막 속에
단단해지는 소리
바닷새들의 젖은 날갯짓 소리

제임스조이스의 율리시스가 생각난다
한 천 페이지쯤 되고
이렇다 할 주제도
이렇다 할 줄거리도 없고
주제도 알기 힘든 소설같은
인생이 되어 버릴까 봐
고개를 떨군다
문득 바닷바람이 젖은 등줄기를
철썩 때리고 지나간다
실핏줄이 터지듯
울음이
툭, 툭,
터진다

아, 봄

기지개를 펴며 향기를 실은 바람이

들판을 가로지르며 몰려 왔다.

봄, 나무가 쓰고
꽃이 부르는 노래

그래도, 봄

집 앞마당 모과나무엔
작년 모과가 두 알이
아직도 달려있다
귀에 구멍이라도 팔듯 울어재끼던
매미허물도 그대로다
시체 꽃, 앉은뱅이 꽃, 속 썩은 풀,
부를 때마다 미안한 마음
마당가득하다

수심을 딛고
바람 속에서 흔들리는
뜰 한 귀퉁이 솟대
너는 돌아오지 않고
자두꽃나무 비벼오는
창틀에 기대어
꿈을 꿨다

손에 쥐면 자두 놓으면 앵두

가라, 붉은 봄날

4월이 붉은 꽃밭을
통째로 지고 간다
뒤돌아볼 때마다
뚝, 뚝 흘리는
산비탈 쏟아버린
붉은 저 꽃 천지
누가 떠밀었나
날리는 듯 시간은 흐르는데
우리는 일 년 뒤, 혹은
먼지처럼 사라질
그 훗날, 그 즈음에도
저 꽃 융단을 은퇴한 배우처럼
같이 걸어 내려 갈 수 있을까
산자락 끝 붉은 봄날,
아카시나무 아픈 가시에 걸려
잠시 머뭇거린다

2부

꽃마리

아파트 화단 모퉁이
무릎 꿇어야 얼굴 볼 수 있는 작은 꽃마리
한 손에 폭 떠서 베란다에 내놓았다
야생화라 질긴 생명 믿고 있었는데
밤사이 얼굴이 반쪽이 됐다
모든 것은 제자리가 있는 법
옮겨가면 몸살 앓는 법
창문을 열고 절벽보다 가파른 10층 아래
꽃마리 뿌리 내렸던 자리 찾아본다

너를 만난 것뿐인데 벌어진 환한 일들
없을 수도 있는 나중과 바꾸는 지금,
여기

이젠

웃지도

울지도 않는

시간들 틈

능소화 하나

툭!

떨어진다

숲에 기대다

햇살이 보듬고
바람이 빗겨 주어
가지런해지는 마음
몸 구석구석 박혀있던 가시가
뽑혀 나간 듯 보송보송하다

햇살이 보듬고
바람이 빗겨주다

풍경소리

바람이

　　두드리는

　　　목탁 소리

숲에 기대다 2

인생에, 삶에 품었던
슬프고 단단한 적의 같은 것들이
나무가 쓰고 꽃이 부르는 노래에
푹 삶은 무처럼 물러지는

숲에 기대다 3

내가
안기엔
너무 커
못 이긴 척
네 품에
가만히 안겨본다

바늘구멍 앞에

낙타가 되는 꿈
가위 눌리는 꿈이 달리 있는 게 아니다
창밖에
놀란 새벽은 장마 비로 출렁이고
내가 진실을 얘기하면 할수록
우리는 불편해졌다
사랑을 믿지 않는다면
위로도 보잘것없음을
찬물 들이키듯 서늘하게 알아채는 날들
너는 끝내 사랑함을 증명하지 않은 채
주섬주섬 새벽을 챙겨 떠났고

저 혼자 피고 지던 앞마당 산당화 옆
누가 접어 버렸나 젖은 종이배하나
기우뚱하다

가을 풍경

친구를 기다리다
벤치에 앉아봅니다
옆자리에 양해도 없이
취객 같은 가을 햇볕이 합석합니다
화단인지 가로수인지
낡은 꽃잎 몇 장 떨어집니다

지나가다

아픈 기억이라해서
울면서 말해야 하나
기억할수록 피가 나는
송곳 같은 추억들
승복 한 벌 붕대처럼
둘둘 말아 입고
걸어 들어가는 산사 초입
흔들리는 봇짐
그 어깨 위로 늦가을이
내려앉는다

네가 떠나면

사랑을 믿던 한시기가 끝나는 것이며

손끝이 닳도록 추억의 테두리를

하염없이 더듬어 나갈 만짐의 세월이

이어질 것이라는 예감

3부

섬 1

우리는 걸었지 돌아 봐도 발자국은 없었지
네가 뒤집어 버린 꽃게처럼 우리는
옆으로만 걸었던 것일까

꽃섬 하화도 등 뒤에 숨겨둔
빨간 피아노, 붉은 돛단배
소리 없는, 또는 바다로 나가지 못하는
네가
나를 사랑하던 하지 않던
더 이상 진지해지지 않을 게
우리가 갈 수 있는 섬 끝이
여기까지라고 생각할게

우리는 각자
경치 좋은 곳 벼랑 끝 홀로 서 있는 전망대처럼
높고, 외롭지만

그게 다지

섬 2

바람이 소리마저 삼킨 듯
귀가 먹먹할 정도로 고요한 섬 끝
네 진초록 가슴에 기대
오래도록 쉬고 싶어
나도 모르게 나는 열매처럼
네 이름을 입안에 넣어본다

섬 3

정리되지 않은 섬마을 길
바닷가 몽돌 하나를 주워든
네게서
바람이 불고
파도가 철썩인다
나는 잘살고 있지도 않은데
눈물과 한숨 따위 잠시 잊고
네 어깨를 겯는 척 기대고 싶어져

총총한 저녁 무렵엔 가 닿을 수 있을까?
섬으로 떠 있는 네 마음
내게로 와 준다면
불 켜진 섬 초롱꽃 꺾어
기대 앞세우고 마중 나가줄 것을

별들은 서로 모여

꽃다발처럼 뭉쳐있는 듯도 했고

띄엄띄엄 떨어져

망망대해를 지나는 조각배처럼

까닥까닥 불안한 신호를 보내오는 듯도 했다

2020

코로나19로
봄이 어디로 갔는지도 모른 채
여름이 오고
철없는 긴긴 장마
미처 걷어놓지 못해
퉁퉁 불은 옥상 위 빨래들
그 사이 언뜻언뜻 보이는
화단의 식은 장미들

연락도 없이
집 앞에 던져진
부재 중 택배처럼 놓여있는 가을
또 아무 일 아니라는 듯이
눈이 오고
또 아무 일 없었다는 듯이
눈이 그치고 할 것을

그래도 우리는
버릇 처럼
또 다른
은유의 봄을 기다린다

낡은 배란기

네가 야근할 때마다
나는 너 몰래 늙기 시작한다
그릇을 깨고 소리를 지르고
돌아서서 입술을 피가 나도록 깨문다
50이 넘은 낡은 배란기
그 낭비벽
우리는 아무리 애써 봤자 까만 눈동자
붉은 입술 3킬로짜리
아이 하나 얻어내지 못해
네가 야근할 때마다
나는 상냥한 쿠팡, 새벽 배송
쿠팡에 몰입한다.

4부

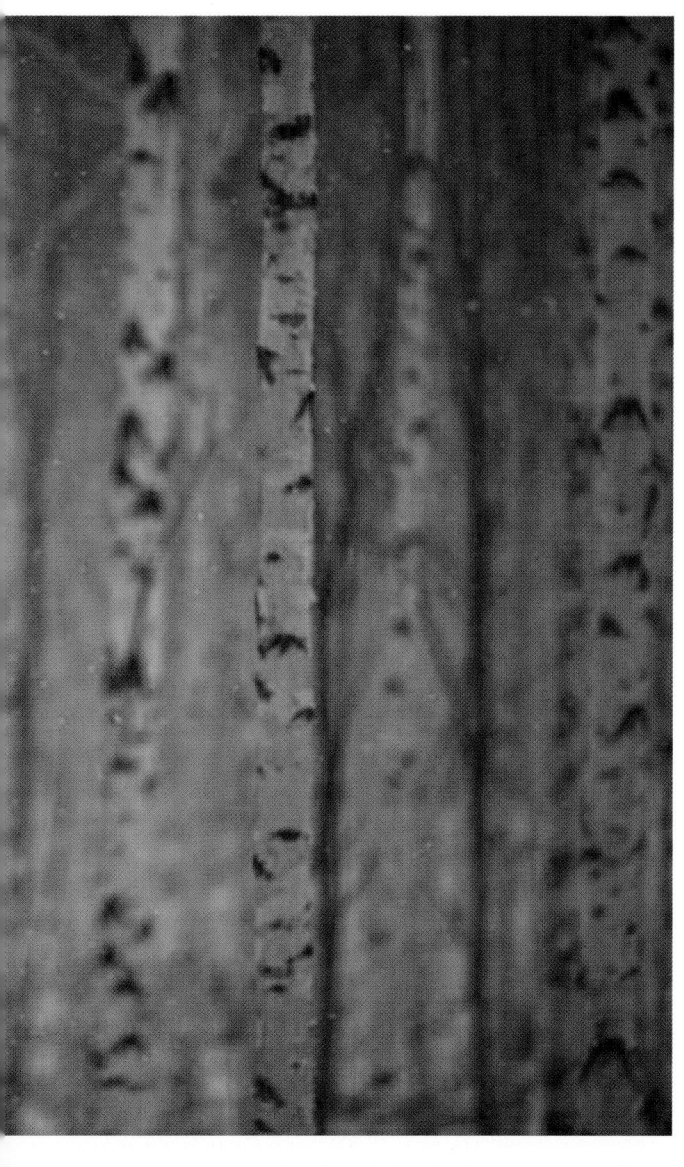

후회

뼛속까지
뜨겁던 하루가 지고
늦은 퇴근길, 그제서야
네 생각으로
허기가 진다
어둠이
길을 지우고
별들이 따끔거린다

아카시아 별곡

늦은 오후
몸살 약을 사러 뜨거운 이마를 짚고
나선다 바람이 불고
천만 개의 가느다란 손가락이 나를 할퀸다
온몸의 실핏줄이 터지고 흩어진다
길모퉁이 얼굴을 내민
아카시 한그루, 꽃빈 가시를 휘두르며

바람에 몸서리칠 때
절대 토설하지 않을 거라 했던
너의 이름을 불러본다
발음할 때마다 입술이 아프다
늙지도 젊지도 않은 나
그럼에도 불구하고
너는 나의 고통이다

쌍봉낙타

나이가
세월이
가르쳐 주는 것의
대부분은
업고 걷는 법
업고 뛰는 법
업고 쉬는 법
너를
내려놓지 않는 법

고집

살아가다 보면
고집부리고 싶어지는 일쯤 하나 있지
당신이 서울과 부산을 오갈 때는
그 중간 어디쯤에선 이팝나무처럼
하얗게 손 흔들어줄 테고
대구에 온다면
그리움 앞세우고 마중 나갈 테고
전화 올 때마다 날계란 한 개 금방 깨 먹은 듯
목소리가 변할 테고
예쁘게 보이려고 저녁을 굶을 테고
같이 해외여행 간다 치면
전생의 기억쯤 되는 듯한
영어 공부를 할 테고

당신 없으면 양달도 소용없고
꽃그늘도 소용없어
그러니
당신은 내 딱 하나뿐인 고집

구석진 연민

빨리 늙으면 좋을까
더는 구부러지고 늘어지는 게 없을 때
오래전 소녀를 건너온 나
오래전 소년을 건너온 당신. 병들어
시야가 사라지고
소리가 사라지고
더듬어야 서로를 찾을 수 있을 때
그때는 같이 살 수 있을까
내가 나를 견뎌내고
당신을 견뎌낼 때마다
몸이 반쯤 지워진 약속 위로
폭우가 내린다

달은 스스로 채우고 비운다

해 질 녘
혼자 밥을 먹고
벤치에 앉는다
채 소화되지 않은 어둠 속에서 별빛이
천천히 걸어 나오고
키 작은 꽃들이 6월의 발목을 적시며 흐른다
무단으로 피어있던 애기똥풀, 오리새물, 금계국들이
재빨리 달빛을 입 한가득 베어 문다
살아 있음을 늘 증언해야만 하는 고단함 속
보이는 것들만 호명해온 날들
이제서야 내가 버린 것들을 호명해본다
입안에
쓴물이 고이고
혼자 환해졌다 어두워졌다 하던 달빛은
등이 다 잠기도록 강으로 걸어 들어간다

괜찮지?

괜찮아 하며

나는

정말로

괜찮아지는 듯 했다.

송호리의 아침

눈을 뜨면
발밑에 가득히
몰려와 있는
희고 신선한 아침
조용히 시간을 쌓아 올리는
은행나무 이파리들
간간히 눈맞추는 산책길
사랑한다고 말하지 않아도
피어나는 들꽃들

너를 만난 것뿐인데
벌어진 환한 일들
없을 수도 있는
나중과 바꾸는 지금
여기,

작품 해설

시공(時空)에서 탐색하는 존재의 인식--서수연 시화집 『저물지 않는 봄날』

김송배
(시인. 전 한국문인협회 부이사장)

1. 시간성과 생명의 공존현장

현대시의 구조와 상관하는 주제의 창출은 시적 상황의 도입과 설정에서부터 전개양상까지 대체로 시간과 공간 개념을 응용하는 시법을 많이 접하게 되는데 이는 시간성이 갖는 변화에서 다양한 체험이 재생되는 이미지가 우리 인생의 행로와 동일하게 전개되고 있음을 간과(看過)하지 못하기 때

문이다.

또한 시간과 동행하는 공간에서 생성하는 만유(萬有)의 생명체가 적시하는 사물들이 이 시간성과 공존함으로써 다변적인 물상(物像)들의 형태에서 재현하는 이미지들이 시 창작의 중요한 요소로 작용하고 있음을 알 수 있게 한다.

여기 서수연 시인이 상재하는 시화집 『저물지 않는 봄날』을 일별하면 그가 이 시간성에서 탐색하는 시법이 자연 사물들의 생장 현상의 현장이 우리 인간들에게 무한한 예지(叡智)를 향유하는 조화와 섭리를 제공하고 있음을 이해하게 한다.

서수연 시인은 먼저 시간성에서 과거, 현재, 미래라는 일생의 변전(變轉)보다는 주변 사물에서 관찰하는 자연 현상에 심취하고 있다. 그 중에서도 '봄'에 대한 계절적인 감응이 가장 민감하게 흡인되면서 새 생명 탄생이나 창조에 대한 이미지를 투영하는 시법을 다수 읽게 되는데 이는 '누가 떠밀었나 / 날리는 듯 시간은 흐르는데 / 우리는 일 년 뒤 ,혹은 / 먼지처럼 사라질 / 그 훗날, 그 즘에도 / 저 꽃 융단을 은퇴한 배우처럼 / 같이 걸어 내려 갈 수 있을까(「가라, 붉은 봄날」 중에서)'라는 어조와 같이 '먼지처럼 사라질 / 그 훗날'이라는 그의 생사관과 동일한 사유(思惟)의 정점으로 지향하는 시법을 이해하게 된다.

봄날
매화, 자두, 라일락, 풀포기
이름표를 목에 건 묘목들이 화원 앞에

입양을 기다리는 고아들처럼 줄 서있다
맨발에 갈색 종아리들, 아직은 추운 4월의 봄날
어디로 실려 갈지 내 게도 전해져 오는 불안들

추운 날 이불 속에 발을 밀어 넣듯 발을 묻었으면
친절한 마사토가 기다리고 있었으면
그 땅과 그 하늘 아래서 한세상 잘 차려 살아보았으면
봄날,
  ──「봄날」전문

    서수연 시인이 조응(照應)하는 '봄날'의 공간은 '화원 앞'이다. 이 화원에서 관찰된 사물은 '매화, 자두, 라일락, 풀포기 / 이름표를 목에 건 묘목들'이다. 이 묘목들은 새로운 넓은 세계에서 안정된 터전을 마련하기 위해서 어디론가 '입양을 기다리는' 정경이 바로 '고아들처럼 줄 서있다'는 상황으로 전개됨으로써 우리 인간들이 아직 일생을 영위할 입지(立地)를 마련하지 못한 '불안'이라는 심리적인 요인을 유발시키는 이미지로 형상화하고 있다.

    그는 다시 이 '4월의 봄날'에도 온화한 새 희망의 향훈보다는 우리 서민들이 애타게 갈망하는 염원의 어조로 주제를 마무리하고 있다. 바로 결론으로 분사(噴射)한 '추운 날 이불 속에 발을 밀어 넣듯 발을 묻'는 일과 '그 땅과 그 하늘 아래서 한세상 잘 차려 살아보았으면'하는 작은 소망이 봄날 화원 앞에서 어린 묘목들과 함께 감응하는 시적 진실이다.

집 앞마당 모과나무엔
작년 모과가 두 알이
아직도 달려있다
귀에 구멍이라도 팔듯 울어재끼던
매미허물도 그대로다
시체 꽃, 앉은뱅이 꽃, 속 썩은 풀,
부를 때마다 미안한 마음
마당가득하다
　　　　--「그래도, 봄」 중에서

　그러나 봄은 봄일 수밖에 없다. '시체 꽃, 앉은뱅이 꽃, 속 썩은 풀,'과 '매미 허물' 등 이미 철지난 시각적인 사물들의 형상은 마마도 봄날이 지나간 뒤의 시간성에서 발견된 이미지이지만 그는 '그래도, 봄'이라고 되뇌이고 있다. 그래서 그는 이런 시각적인 이미지가 '미안한 마음'이 '마당 가득'한 광경으로 전이(轉移)되고 있다.

　그는 이러한 지나간 시간에서 정감으로 승화하는 시법이 '수심을 딛고 / 바람 속에서 흔들리는 / 뜰 한 귀퉁이 솟대 / 너는 돌아오지 않고 / 자두꽃나무 비벼오는 / 창틀에 기대어 / 꿈을 꿨다'는 깊은 시적 원류로 흐르고 있음을 이해하게 된다. 여기에서도 시적 공간은 '작년 모과가 두 알이 / 아직도 달려있'는 '집 앞마당'인데 화원이나 모과나무가 있는 앞마당에서 설정되고 전개되는 작품의 형태는 시간과 공간의 적절한 융합이 시적인 효율성을 제고하고 있는 것이다.

2. 시적 화자와 사물의 의인화

우리 시 창작법에서 유념할 부분은 시적 화자(persona)의 적절한 활용이다. 요즘 시인들은 이 화자를 감추고 유추를 통해서 내용을 이해하고 주제에 접근하는 방식의 시법도 있는데 대체로 '나' 혹은 '너'라는 인칭대명사를 등장시켜서 대화를 통해서 내용을 풀어나가면서 독자들과 호흡을 교감하고 있다.

이 화자는 인칭대명사뿐만 아니라 동물이나 생소한 물질을 대입하여 의인화로 대화를 소통(疏通)하면서 주제를 명징하게 정립하는 방법도 다양하게 응용되고 있는 것을 목도(目睹)하게 된다.

우리는 걸었지 돌아 봐도 발자국은 없었지
네가 뒤집어 버린 꽃게처럼 우리는
옆으로만 걸었던 것일까

꽃섬 하화도 등 뒤에 숨겨둔
빨간 피아노, 붉은 돛단배
소리 없는, 또는 바다로 나가지 못하는
네가
나를 사랑하던 하지 않던
더 이상 진지해지지 않을 게
우리가 갈 수 있는 섬 끝이
여기까지라고 생각할 게

우리는 각자
경치 좋은 곳 벼랑 끝 홀로 서 있는 전망대처럼
높고, 외롭지만

그게 다지
   ―「섬 1」 전문

 이 작품에서 서수연 시인은 '섬'이라는 공간에서 이와 같은 화자를 적극 활용하면서 섬을 의인화하고 있다. 결국 '섬=너(네)'라는 등식으로 '나(내)'의 상대적인 대칭개념의 화자로서 작품을 형상화하고 있다. 그러나 '우리'라는 복수의 화자가 현현되는데 이는 화자의 어조에서 '네가 / 나를 사랑하던 하지 않던 / 더 이상 진지해지지 않을 게 / 우리가 갈 수 있는 섬 끝이 / 여기까지라고 생각할 게'하는 체념의 어조(tone)가 우리들 시 읽기에 흡인력으로 현현되고 잇다.
 이 섬의 이미지나 상징은 고도(孤島)로서의 외로움과 인내심 등의 의미를 내포하고 있다. 더욱 절해고도는 그러하다. 오로지 출렁이는 파도뿐이지만 더러는 갈매기와 먼 고동소리와 밤하늘 별과의 무언의 대화뿐이다.
 그러나 그는 '우리는 각자 / 경치 좋은 곳 벼랑 끝 홀로 서 있는 전망대처럼 / 높고, 외롭지만 // 그게 다지'라는 의미심장한 성찰의 주제를 표출하고 있다. 이처럼 의인화한 사물과의 정감적인 대화는 우리 인간들이 행하는 직접 교류보다 더욱 심도(深度)있는 시정(詩情)을 엿보게 하고 있다.

올려다본 하늘 바다에
별이 된 너의 섬들
바람이 소리마저 삼킨 듯
귀가 먹먹할 정도로 고요한 섬 끝
네 진초록 가슴에 기대
오래도록 쉬고 싶어
나도 모르게 나는 열매처럼
네 이름을 입안에 넣어본다
　　--「섬 2」 전문

　그렇다. 여기서는 섬에서 '올려다 본 하늘 바다'가 시적 공간이다. '별이 된 너의 섬들'이 어쩐지 고요하다. 거기에는 '네 진초록 가슴에 기대 / 오래도록 쉬고 싶어'라는 톤으로 그 고독함을 극복하고자 하는 진정한 내면의 진실이 함축되어 있다. 그래서 하늘과 별과 처절한 대화로 융화(融和)를 이루려는 심중(心中)을 이해하게 된다.
　일찍이 우리의 시인 박남수도 그의 작품 「섬」에서 '시푸른 남빛으로 설치며, 파도는 / 작은 섬을 핥고 있지만 / 실의(失意)에 낯익은 섬은 / 고독의 귀를 세워 / 어둠을 나는 갈매기의 절규를 / 조용히 듣고 있다'는 섬은 결국 실의와 고독의 이미지로 투영되고 있어서 섬과 고독함은 상징적으로 시의 형상화에 기여하고 있다.

3. 사랑학, 긍정과 의문의 시법

우리들은 누구나 사랑하면서 살아간다. 이 사랑의 사전적인 의미는 어떤 한 삶을 애틋하게 그리워하고 열렬히 좋아하는 마음이거나 소중하게 여기는 마음을 말한다. 이러한 사랑에는 옛날 시성 타고르가 말한 바와 같이 '영혼의 궁극적인 진리'임을 절감(切感)하게 되는 것도 이 신성한 사랑에 대한 진실을 탐구하는 일도 어쩌면 시인들이 절대적으로 구현해야 할 시적인 명제(命題)일 것이다.

나는 당신을 모른 채
일생을 시작하였고
또 당신 없이 끝날 것이라는
철렁하고도 오래된 예감
그 불길함을 밀치고 당신이 온 날
창조주가 있다면
옜다~네사랑! 이라고 안겨주었을
비 오는 날 태어난 하루살이처럼
늘 젖어있던 내게
옜다~네 사랑! 하고 당신이
내게 온 날
　　　--「당신을 만난 날」전문

서수연 시인은 사랑에 대한 시적 발상이나 동기의 매체(

媒體)는 바로 '당신'이라는 숭고한 대상이 있다. 미지의 당신을 만나서 일생을 살아가는 모험이 바로 그의 사랑학의 원류가 되고 있다. 이러한 심리적인 긍정의 해법을 먼저 적시하고 있는 것은 '옛다~네 사랑! 하고 당신이 / 내게 온 날'이라는 결론의 어조가 명민(明敏)하게 현현되고 있다는 점에서 이해할 수 있을 것이다.

그는 이처럼 '옛다~네 사랑!'이라는 문법상의 감탄사로 '당신'에게 던지는 화법으로 '당신을 만난 날'의 회억(回憶)을 현현하고 있다. 이것이 그의 사랑학의 진정한 주제의 어조라고 할 수 있다.

상모솔새,
발이 저릴 때까지 벚꽃나무
그 가지에 앉았다.
눈치도 없이
바람에 떨어지던
봄의 체온
이제는 그만
날아올라, 날아올라 꽃그늘 속
네 발목을 털고
날아올라,
네 마음에 헝클어지면
꽃이라고 봐 주지마라

네가 벚꽃이라 부르며 얼굴 부비던
그 꽃나무, 정말 벚꽃이었을까
그, 봄

있기나 있었을까
　　—「사랑아」 전문

　그렇다면, 서수연 시인의 '사랑'은 어떤 모습으로 형상화하고 있을까. 그는 겨울 철새인 '상모솔새'를 통해서 회포(懷抱)를 나누는 의인법으로 '벚꽃나무'와 '바람'과 '봄의 체온', 그리고 '꽃그늘'에서 창출하는 이미지는 바로 사랑이라는 그의 내적인 시적 진실의 구현이라고 할 수 있을 것이다.
　그는 또한 '날아올라, 날아올라 꽃그늘 속 / 네 발목을 털고 / 날아올라, / 네 마음에 헝클어지면 / 꽃이라고 봐 주지마라'라는 약간의 경고성 어조는 사랑학의 중심에는 불변의 애정이 상존하고 있음을 이해할 수 있을 것이다.
　한편 그는 '그 꽃나무, 정말 벚꽃이었을까' 혹은 '있기나 있었을까'라는 의문형 수사법으로 아직도 풀리지 않는 무엇인가를 '사랑아' 하고 문제의 심각성을 토로하고 있어서 시적 감응(感應)을 증폭시키고 있는 것이다.
　일찍이 박목월 시인도 「사랑의 결합에 대하여」라는 글에서 '참으로 사랑은 그것을 위하여 우리의 모든 것을 포기하거나 연소시키는 맹목적인 것이 아니다. 인간이 인간으로서 주어진 사명을 다하고 우리들의 삶을 보람찬 것으로 이룩하기 위하여 사랑이 소중할 뿐이다.'라는 명언으로 우리들의 정서를 환기시키면서 '사랑학'을 일깨워주고 있는 것이다.

4. 기원 의식의 형상화와 진실

　서수연 시인에게서 다시 교감할 수 있는 정서의 정점은 바로 기원 의식의 형상화라고 할 수 있다. 이 기원은 자신의 소망이 성취되기를 간절히 비는 형태의 관념적인 사유의 지향이지만 자신뿐만 아니라, 타인를 위해서도 기도하거나 비손의 형상을 우리 일상에서도 자주 대할 수 있는 생활의 한 단면이기도 하다.
　사실 이 기원 의식은 자신의 소망이나 희망을 빌어보는 형상이지만 어떤 경우에는 실생활(real life)에서 야기되는 갈등과 고뇌에 대한 해법의 모색으로 빌어보는 기원도 많이 접할 수 있는 현실의 면모이다. 모두가 시원스레 풀려나가는 해법을 기대하면서 오늘도 기원은 지속되고 있는 것이다.

　　조금은 느려도 되는
　　산골 마을에서 당신과 살고 싶어
　　가시 많은
　　산초가지에 앉아도
　　단 한 번도 찔리지 않은 표정의 주홍이마
　　매끈한 상모솔새, 곤줄박이, 박새
　　앞마당 구석구석 엉덩이 디밀 자리마다
　　가꾸지 않아도

채소가 푸릇했으면
봄이 되면 시들은 꽃바구니 비우고
물오른 버들강아지 꺾어 담아
바람 불때마다 혼몽한 봄기운이 들락거리는 뒤뜰
별꽃, 노루귀, 꽃다지 속닥거리는 한 켠에 내려놓고
당신 손잡고 추웠던 것 들을
배웅하러 나갔다 돌아오는 길
산들산들
피어오르는
참꽃보다 붉게
그대 입 맞추다 오고 싶어
--「참꽃 마중」 전문

　서수연 시인의 기원은 아주 소박하고 순정적인 이미지를 내포하고 있다. 우선 그는 화자의 어조에서 '조금은 느려도 되는 / 산골 마을에서 당신과 살고 싶어'라거나 '산들산들 / 피어오르는 / 참꽃보다 붉게 / 그대 입 맞추다 오고 싶어'라는 작은 소망은 바로 '........싶어'라는 보조 형용사로 그의 간절한 소망으로 현현되고 있다.

　이 '싶어'라는 의미는 '그리 되었으면 좋겠다'는 성취의 염원이 발흥되고 있어서 그가 염원하는 '싶어'의 속내는 '산골 마을에서 당신과 살'면서 옆마당에 '상모솔새, 곤줄박이, 박새' 그리고 뒤뜰의 '별꽃, 노루귀, 꽃다지' 등 자연 정취에 젖어 무위자연과 순박한 삶을 영위하는 하는 이상세계를 꿈꾸고 있는지도 모른다.

여기에서도 그는 산골마을에서 '가꾸지 않아도 / 채소가 푸릇했으면' 좋겠고 '봄이 되면 시들은 꽃바구니 비우고 / 물오른 버들강아지 꺾어 담'는 등의 자연친화적인 정서가 작은 소망으로 남아 있어서 그가 지금 행하는 '참꽃 마중'의 계절적인 시간성이 산골 마을의 공간과 잘 어우러지고 있는 것이다.

그의 다른 작품 「섬 2」 중에서도 '네 진초록 가슴에 기대 / 오래도록 쉬고 싶어'라는 어조로 자연과 동화(同化)하고픈 여망이 그의 뇌리에서 떠나지 않는 것을 상황을 보면 그의 시정신(poetry)의 순수성을 이해하게 된다.

정리되지 않은 섬마을 길
바닷가 몽돌 하나를 주워든
네게서
바람이 불고
파도가 철썩인다
나는 잘살고 있지도 않은데
눈물과 한숨 따위 잠시 잊고
네 어깨를 겯는 척 기대고 싶어져

총총한 저녁 무렵엔 가 닿을 수 있을까?
섬으로 떠 있는 네 마음
내게로 와 준다면
불 켜진 섬 초롱꽃 꺾어
기대 앞세우고 마중 나가줄 것을

―「섬 3」 전문

  서수연 시인의 기원 의식은 계속된다. '나는 잘살고 있지도 않은데 / 눈물과 한숨 따위 잠시 잊고 / 네 어깨를 곁는 척 기대고 싶어져'라고 인식 단정으로 기대하고 있으며 한편으로는 '섬으로 떠 있는 네 마음 / 내게로 와 준다면 / 불 켜진 섬 초롱꽃 꺾어 / 기대 앞세우고 마중 나가줄 것을'이라고 '섬마을 길'에서의 소망은 넓고 무변(無變)이지만 '총총한 저녁 무렵엔 가 닿을 수 있을까?'라는 그의 의문도 깊어져서 그가 기대하고 소망하는 일들이 쉽사리 풀리지 않는 해법을 탐색하고 있는 것이다.
  우리의 시법에는 동화(同化-assimilation)와 투사(投射-project)라는 두 가지 형태의 감상적 오류의 상황을 볼 수 있다. 시인이 모든 자연을 자신 속으로 끌어와서 그것을 내적 인격화하는 동화와 자신을 자연 속에 상상적으로 투여하는 투사의 원리에서 우리 시인들의 자연관에서 친화가 시적으로 인간의 정서와 화해하는 시법을 많이 응용하고 있는 것이다.

5. 생존의 순리 혹은 존재의 이유

  서수연 시인은 자연서정에 심취한 순정적인 시인이다. 그가 자연 사물에서 착목(着目)하는 시점(視點)이 대체적으로 봄과 상관하는 계절적인 시간성의 이미지가 더욱 친숙하게 흡인되고 있다.
 지금까지 일별해온 그의 작품들은 친자연적인 정감에서 동화와 투사된 정서의 환기(換氣)에서 탐색하는 시법으로 생명성의 탐구와 거기에 수반하는 기원의 의식이 자연 섭리의 순응과 함께 시적인 진실을 명징하게 적시하고 있다.

해 질 녘
혼자 밥을 먹고
벤치에 앉는다
채 소화되지 않은 어둠 속에서 별빛이
천천히 걸어 나오고
키 작은 꽃들이 6월의 발목을 적시며 흐른다
무단으로 피어있던 애기똥풀, 오리새물, 금계국들이
재빨리 달빛을 입 한가득 베어 문다
살아 있음을 늘 증언해야만 하는 고단함 속
보이는 것들만 호명해온 날들
이제서야 내가 버린 것들을 호명해본다
입안에
쓴물이 고이고
혼자 환해졌다 어두워졌다 하던 달빛은
등이 다 잠기도록 강으로 걸어 들어간다
　　　――「달은 스스로 채우고 비운다」 전문

서수연 시화집 『저물지 않는 봄날』에서 마지막으로 간과하지 못하는 것은 '살아 있음을 늘 증언해야만 하는 고단함 속 / 보이는 것들만 호명해온 날들 / 이제서야 내가 버린 것들을 호명해본다'는 대목의 어조라고 할 수 있을 것이다. 그가 '달은 스스로 채우고 비운다'는 다소 관념적인 제재로 작품을 전개하고 있으나 '환해졌다 어두워졌다 하던 달빛'이 적시하는 메시지는 우리 인간들의 심중의 실상을 적나라하게 비유하고 있어서 공감의 영역을 확대하고 있다.

그가 재생하는 사유의 원류에는 이처럼 인본주의(humanism)의 근원에서 진실에의 창조를 위한 간구(懇求)가 바로 생존의 순리이며 존재의 이유가 될 것이다. 일찍이 미국의 사상가 에머슨은 '시는 단 하나의 진리이다. 명백한 사실에 대해서가 아니라, 이상(理想)에 대해서 말하는 건전한 마음의 표현'이라고 말한 바와 같이 시의 효용이나 목적이 우리들에게 상당한 마력(魔力)을 제공하고 있다고 할 수 있다.

그는 이들 작품과 함께 시화(詩畵)를 곁들여서 그의 시적인 결실을 정리하는 시업(詩業)에 진정한 축하를 보낸다.